BEI GRIN MACHT SICH
WISSEN BEZAHLT

- Wir veröffentlichen Ihre Hausarbeit,
  Bachelor- und Masterarbeit

- Ihr eigenes eBook und Buch -
  weltweit in allen wichtigen Shops

- Verdienen Sie an jedem Verkauf

Jetzt bei www.GRIN.com hochladen
und kostenlos publizieren

Joachim Lothar Wiedemann

Fachliche und soziale Integration von Beratern in Organisationen

GRIN Verlag

Bibliografische Information der Deutschen Nationalbibliothek:

Die Deutsche Bibliothek verzeichnet diese Publikation in der Deutschen National-bibliografie; detaillierte bibliografische Daten sind im Internet über http://dnb.d-nb.de/ abrufbar.

Impressum:

Copyright © 2012 GRIN Verlag GmbH
Druck und Bindung: Books on Demand GmbH, Norderstedt Germany
ISBN: 978-3-656-25797-4

Dieses Buch bei GRIN:

http://www.grin.com/de/e-book/199379/fachliche-und-soziale-integration-von-beratern-in-organisationen

GRIN - Your knowledge has value

Der GRIN Verlag publiziert seit 1998 wissenschaftliche Arbeiten von Studenten, Hochschullehrern und anderen Akademikern als eBook und gedrucktes Buch. Die Verlagswebsite www.grin.com ist die ideale Plattform zur Veröffentlichung von Hausarbeiten, Abschlussarbeiten, wissenschaftlichen Aufsätzen, Dissertationen und Fachbüchern.

Besuchen Sie uns im Internet:

http://www.grin.com/

http://www.facebook.com/grincom

http://www.twitter.com/grin_com

Fachliche und soziale Integration
von Beratern in Organisationen

Betreuer: Prof. Dr. Anton Wengert

Hochschule Ludwigshafen am Rhein

Fachbereich: Personalmanagement

ACHIM WIEDEMANN
geplanter-vertrieb.de

Abgabetermin: 29. Februar 2012

Verzeichnisse

II.   Inhaltsverzeichnis

III.   Abbildungsverzeichnis

IV.   Literaturverzeichnis

II.   Inhaltsverzeichnis

Einleitende Überlegungen _____ 1

1.   Warum externe Beratung oder auch Outsourcing? _____ 2

    1.1.   Definition Unternehmensberatung _____ 2

    1.2.   Definition Outsourcing_____ 2

    1.3.   Gründe für den Einsatz von externen Beratern_____ 3

2.   Dienstleistungsansätze von Unternehmensberatern _____ 5

    2.1.   Die vier prinzipiellen Dienstleistungsansätze von Unternehmensberatern in Verbindung mit Handlungskompetenzen _____ 5

    2.2.   Dimensionen der Inanspruchnahme von Beratungsleistung _____ 5

    2.3.   Handlungskompetenzen _____ 6

3.   Outsourcing_____ 7

    3.1.   Ziele des Outsourcing _____ 8

    3.2.   Chancen und Risiken im Outsourcing _____ 9

    3.3.   Change-Management bei Outsourcingvorhaben _____ 10

        3.3.1.   Die verhaltenspsychologischen Etappen _____ 10

        3.3.2.   „The heart of change" _____ 11

4.   Gruppe und Gruppenverhalten_____ 13

    4.1.   Definition Gruppe _____ 13

    4.2.   Die vier Entstehungsphasen einer Gruppe _____ 14

    4.3.   Inputvariablen im Gruppenprozess_____ 16

5.   Eigene Erfahrungen aus der Praxis _____ 17

    5.1.   Fallbeispiel 1: Größtenteils gelungene fachliche und soziale Integration des Beraters _____ 17

        5.1.1.   Problemschwerpunkte und Lösungsansätze _____ 18

    5.2.   Fallbeispiel 2: Gelungene fachliche und misslungene soziale Integration des Beraters _____ 21

        5.2.1.   Problemschwerpunkte und Lösungsansätze _____ 22

6.   Perspektiven und kritische Würdigung_____ 23

III.   Abbildungsverzeichnis

Abb. 1 Wissensvorrat nach Schütz (Gally, 2007: 6) _____ 4

Abb. 2 Kompetenzmatrix Unternehmensberater (Wiedemann) _____ 7

Abb. 3 Chancen- und Risikopotentiale des Outsourcing, (Bruch, 1998: 37) _____ 9

Abb. 4 Modell für individuelle und organsiatorische Veränderungen (von W. Bridges) _____ 10

Abb. 5 "The heart of change" Kotter/Cohen 2002 _____ 12

Abb. 6 Die Gruppe als soziales System (Schreyögg/Koch, 2010: 222) _____ 14

Abb. 7 Vertriebskreislauf Fallbeispiel 1 (Wiedemann) _____ 18

Abb. 8 Vertriebsstruktur Fallbeispiel 2 (Wiedemann)_____ 21

Einleitende Überlegungen

Fachliche und soziale Kompetenz von Organisationsmitgliedern rücken im Zeitalter des „self actualizing man" in rasanter Geschwindigkeit immer näher zusammen. „Die Integration in einer funktionierenden Arbeitsgruppe und soziale Bedürfnisse werden als weniger wichtig erachtet, als Möglichkeiten der Selbstverwirklichung." (Kirchler 2004: 96, 97) So sind wir auf der Suche nach Selbstverwirklichung und Autonomie immer stärker der Sinngebung unseres Seins verpflichtet. „Wer Engagement möchte, muss Sinn bieten. Um Veränderungen effektiv umzusetzen, ist das Verständnis, die Akzeptanz und das Engagement der Mitarbeiter unbedingt erforderlich." (Kraus/Becker-Kolle/Fischer 2004: 58) Traditionelle Antworten aus Religion und Politik halten den Entwicklungen nicht mehr Stand. So sieht sich in unserer Problemstellung der externe Berater neben seinen fachlichen Kompetenzen auch in vielerlei Hinsicht einer immer stärker werdenden Herausforderung gegenüber stehen: Der immer wichtiger werdenden Fähigkeit, sich in das soziale Gefüge einer Organisation mit hoher sozialer Kompetenz einzubringen. „Begründet werden kann dies z. B. durch eine zunehmende Komplexität der Umwelt und einen verstärkten Wandel hin zu einer Dienstleistungsgesellschaft. Denn gerade bei Dienstleistungen ist aufgrund deren Spezifika das Vertrauen der Nachfrager entscheidend. Die konstitutiven Merkmale der Dienstleistung, d.h. deren hohes Maß an Immaterialität, Leistungsversprechen und Integrativität führen bei Nachfragern zu Unsicherheiten bei der Beurteilung der zu erwartenden Qualität der Dienstleistung. Entsprechend ist das wahrgenommene Kaufrisiko bei der Beauftragung eines Dienstleistungsunternehmens höher als es bei einem Sachgut der Fall ist." (Greschuchna 2006: 1) Da die Integrationsproblematik von Beratern im Vergleich stark im Themenbereich des Outsourcing behandelt wird und weniger in der Beratungsliteratur, bedienen wir uns auch der Fachliteratur zum Thema Outsourcing. Die Abhandlungen lassen sich gut auf unsere Problemstellung anwenden.

1. Warum externe Beratung oder auch Outsourcing?

Um unserer Problemstellung Rechnung zu tragen, sollten wir zunächst die Begrifflichkeiten Unternehmensberater und Outsourcing definieren. Da wir in unserem Fall die Integrationsproblematik herausstellen möchten, passen die Themenfelder Berater und auch Outsourcing sehr gut.

1.1. Definition Unternehmensberatung

Niedereichholz kommt zu folgender Definition: "Unternehmensberatung wird definiert als höherwertige, persönliche Dienstleistung, die durch eine oder mehrere unabhängige und qualifizierte Person(en) erbracht wird. Sie hat zum Inhalt, Probleme zu identifizieren, zu definieren und zu analysieren, welche die Kultur, Strategien, Organisation, Prozesse, Verfahren und Methoden des Unternehmens des Auftraggebers betreffen. Es sind Problemlösungen (Sollkonzepte) zu erarbeiten, zu planen und im Unternehmen umzusetzen. Dabei bringt der Berater seine branchenübergreifende Erfahrung und sein Expertenwissen ein " (Niedereichholz 2001, S. I)

1.2. Definition Outsourcing

„Beim Begriff „Outsourcing" handelt es sich um ein in den späten 1980er-Jahren in der amerikanischen Managementpraxis geschaffenes Kunstwort, das sich aus den Worten outside, resource und using zusammensetzt und demnach die „Nutzung externer Ressourcen" bedeutet. Ergänzen sollte man allerdings noch den Annex „nach vorheriger Selbsterstellung". Unternehmen, die eine bestimmte Leistung nie selbst erstellt haben, können sie auch nicht outsourcen. In der Praxis behaupten jedoch auch Start-up-Unternehmen, die nie eine eigene Buchhaltung aufgebaut haben, dass sie diese „outgesourct" haben. Seit Begriff und Konzept in den 1990er-Jahren ihren Weg nach Europa gefunden haben, ist die Popularität des Outsourcing sowohl in multinationalen wie auch in mittelständischen Unternehmen ungebrochen. Experten gehen davon aus, dass die Bedeutung von Outsourcing in Deutschland in der Zukunft noch stark zunehmen wird. (...) Outsourcing basiert auf dem Prinzip der Arbeitsteilung und lässt sich bis zu den Anfängen der modernen Betriebswirtschaftslehre zurückverfolgen." (Hermes 2005: 15)

1.3. Gründe für den Einsatz von externen Beratern

„Die Nutzung von Kenntnissen und Erfahrung von außen, die Objektivität des Unparteiischen, die temporäre Hilfestellung bei Sonderaufgaben, der Zugang zu gezielter Expertise, die Stimulierung von Kreativität und die Coachingleistung der Berater sind die Gründe für den Beratereinsatz. Aber nicht immer ist das Hinzuziehen von Beratern eine gute Idee. Die Unternehmensführung darf nicht von Beratern abhängig werden. Sie dürfen Berater nicht zu Dauergästen im Unternehmen werden lassen und sie nicht als Erfüllungsgehilfen schon beschlossener Maßnahmen missbrauchen oder ihnen nur eine Alibifunktion überlassen. Berater ins Haus zu holen, darf auch nicht zum Ausdruck von Misstrauen gegen die eigenen Mitarbeiter sein und erst recht nicht geschehen, nur um anderen Unternehmen nachzueifern. Umgekehrt entspringt es in vielen Fällen einer falschen Abwehrhaltung, vom Berater den eigenen Industrie-Stallgeruch zu verlangen oder ihnen nachzusagen, dass sie einem nur nach dem Mund reden und dafür ungerechtfertigte Summen verlangen."

(Sommerlatte, 2008: 38)

Wir erkennen aus dieser Beschreibung, dass eine Vielfalt von Chancen und Risiken die Entscheidung für oder gegen den Einsatz der externen Beratung beeinflussen kann. Daher ist eine sehr genaue Analyse der Anforderungen „vor" Auftragserteilung unabdingbar. Ansonsten ist der Widerstand der Mitarbeiter vorprogrammiert und das Projekt von vorne herein in Gefahr. „Outsourcing ist mit vielfältigen Chancen und Risiken verbunden, deren Einschätzung auf der subjektiven Beurteilung des Management basieren. Bei diesen Einstufungen spielen zunehmend nicht mehr nur wirtschaftliche Aspekte, sondern verstärkt auch qualitative und strategische Aspekte eine Rolle." (Bruch, 1998: 31) Der theoretische Rahmen, welcher uns die Chance gibt, die Komplexität der Anforderungen mit ihren Chancen und Risiken zu erfassen, soll vorab eine Kategorisierung erfahren. Doch zuvor definieren wir Wissen und Kompetenz, um den Unterschied deutlich zu machen. In den wissenschaftlichen Abhandlungen wird oftmals von Kompetenzen ausgegangen, welche auf Fähigkeiten basieren. Wir nennen hier zwei Definitionen von Wissen. Zum einen „Wissen ist kein Bild oder keine Repräsentation der Realität, es ist vielmehr eine Landkarte dessen, was die Realität uns zu tun erlaubt. Es ist das Repertoire an Begriffen, begrifflichen

3

Beziehungen und Handlungen oder Operationen, die sich in der Verfolgung unserer Ziele als viabel (realisierbar) erwiesen haben" (von Glasersfeld, 1997: 202). Als zweite Definition wird Wissen von Alfred Schütz als Begriff des Wissensvorrats erweitert und macht so eine detailliertere Definition möglich, die unser theoretisches Sichtfeld erweitert. Schütz formuliert wie folgt: „Der lebensweltliche Wissensvorrat [...] baut sich auf aus Sedimentierungen ehemals aktueller, situationsgebundener Erfahrungen. Umgekehrt fügt sich jede aktuelle Erfahrung je nach ihrer im Wissensvorrat angelegten Typik und Relevanz in den Erlebnisablauf und in die Biographie ein" (Schütz, 2003: 149) Jede Situation kann mit Hilfe des Wissensvorrats definiert und bewältigt werden. (...) [Auch ist der Wissensvorrat (...) sowohl genetisch also auch strukturell als auch funktional auf die Situation bzw. die situationsgebundene Erfahrung bezogen". (Schütz, 2003: 149) Durch diese Definition sind wir in der Lage, den Berater an sich besser zu identifizieren und seine Strukturen zu verstehen.

Abb. 1 Wissensvorrat nach Schütz (Gally, 2007: 6)

Kompetenz definieren wir nach F. E. Weinert. Er hat 1999 in einem Gutachten für die OECD verschiedene Definitionsmöglichkeiten aufgezeigt und 2001 die heute in Deutschland meistzitierte Variante formuliert. Danach sind Kompetenzen „die bei Individuen verfügbaren oder durch sie erlernbaren kognitiven Fähigkeiten und Fertigkeiten, um bestimmte Probleme zu lösen, sowie die damit verbundenen motivationalen, volitionalen und sozialen Bereitschaften und Fähigkeiten, um die Problemlösungen in variablen Situationen erfolgreich und verantwortungsvoll nutzen zu können" (Weinert 2001, S. 27 f.).

Diese Definitionen lassen nun eher einen Zusammenhang fachlicher und sozialer Merkmale zu, die hier in Zusammenhang gebracht werden sollen. Wir verfeinern im folgenden Abschnitt nun das theoretische Bild des Beraters und legen zunächst folgende Ansätze als Kategorisierung fest.

2. Dienstleistungsansätze von Unternehmensberatern

2.1. Die vier prinzipiellen Dienstleistungsansätze von Unternehmensberatern in Verbindung mit Handlungskompetenzen

„Die vier prinzipiellen Dienstleistungsansätze von Unternehmensberatern sind:

a) die Bereitstellung oder Erarbeitung von Kenntnissen, die das zu beratende Unternehmen nicht oder nicht ausreichend besitzt, aber für bestimmte Entscheidungen oder Orientierungen benötigt (content-based consulting)

b) die Einbringung von Erfahrung bei der Lösung von Aufgaben und Problemen, der Realisierung neuer Vorhaben oder der Bewältigung neuer Herausforderungen (experience-based consulting)

c) die Sicherung von Objektivität in Entscheidungssituationen oder bei Bewertungen, bei denen im Unternehmen Unsicherheit oder die Befürchtung von Betriebsblindheit besteht, sich unterschiedliche Meinungen gegenüberstehen oder eine qualifizierte neutrale Sichtweise gewünscht wird (arbitration-based consulting)

d) die Moderation und Unterstützung von Reflexions-, Entscheidungs-, Implementierungs- und Veränderungsprozessen (process-based consulting)."
(Sommerlatte, 2008: 39)

2.2. Dimensionen der Inanspruchnahme von Beratungsleistung

„In den meisten Fällen werden mehrere der Dienstleistungsaspekte und Fähigkeiten des Beraters in einer bestimmten Kombination benötigt, über die man sich aber im Klaren sein muss. Insbesondere ist die grundsätzliche Frage zu stellen, ob und in welchem Maß vom Berater eigene Sachkenntnisse oder eigenes funktionales Know-how erwartet wird oder vielmehr in erster Linie die Gestaltung und Sicherung eines im Unternehmen ablaufenden Interaktionsprozesses, ohne dass er von der Sache, um die es geht, viel verstehen muss.. Diese beiden Dimensionen - „content"- versus „process"-

Consulting - werden häufig benutzt, um Beratungsleistungen und Beratungsfirmen zu charakterisieren: Auf Industrien spezialisierte Berater verfügen in erster Linie über „content"-Fähigkeiten im Sinne von Kenntnissen und Erfahrung. wogegen auf Problemlösungs-, Interaktions- und Moderationsmethoden spezialisierte Berater in erster Linie „process"-Fähigkeiten bieten, im Sinne von Durchführungssicherung und Abwicklungsunterstützung." (Sommerlatte, 2008: 40)

Um dieser Aussage gerecht zu werden setzen wir nun die beruflichen Handlungskompetenzen nach Kauffeld in Bezug zu den Dienstleistungsansätzen.

2.3. Handlungskompetenzen

„Der Begriff der beruflichen Handlungskompetenz lässt sich in vier Kompetenzbereiche unterteilen: Fach-, Methoden-, Sozial- und Selbstkompetenz.

Berufliche Handlungskompetenzen:

Fachkompetenz: Unter Fachkompetenz werden alle Kenntnisse, Fertigkeiten und Fähigkeiten verstanden, die sich auf die Organisation, Aufgaben, Prozesse sowie den eigenen Arbeitsplatz beziehen.

Methodenkompetenz: Bei der Methodenkompetenz geht es darum, inwiefern Techniken, Methoden und Vorgehensweisen zur Strukturierung der eigenen oder von Gruppenaktivitäten angewendet werden.

Sozialkompetenz: Sie beinhaltet die Fähigkeit, sich im sozialen Umgang situationsspezifisch und angemessen z.B. durch Einfühlungsvermögen, Kommunikations- und Kooperationsfähigkeiten zu verhalten.

Selbstkompetenz: Sie bezieht sich darauf, wie Individuen mit sich bei der Arbeit umgehen, z. B. zählen die Bereitschaft zur Selbstentwicklung, Selbstreflexion, Leistungsbereitschaft und Belastbarkeit zur Selbstkompetenz." (Kauffeld, 2011: 116)

Ausführlich erläutern wir als Beispiel den Bezug des in Punkt a beschriebenen „content-based consulting". Eine hohe fachliche Kompetenz in Verbindung mit Methodenkompetenz bildet hier den Schwerpunkt und wird so auch höher bewertet. Sozialkompetenz und Selbstkompetenz unterstützen lediglich. In Abb. 2 werden die unterschiedlichen Gewichtungen der Kompetenzfelder in Bezug auf die Dienstleistungsansätze deutlich.

	Fach-kompetenz	Methoden-kompetenz	Sozial-kompetenz	Selbst-kompetenz
content-based Consulting	+++	+++	++	+
experience-based Consulting	+++	+	++	+
arbitration-based Consulting	+	++	+++	++
process-based Consulting	++	+++	+++	++

Abb. 2 Kompetenzmatrix Unternehmensberater (Wiedemann)

Durch die Verwendung dieser Matrix können wir z.b. die Auswahl eines Beraters schon frühzeitig optimieren. Auch der Berater hat die Chance sein Profil zu verfeinern und so mehr Professionalität nachzuweisen.

3. Outsourcing

Nehmen wir uns im Folgenden der Betrachtung des Outsourcing an. Wir erhalten viele Erkenntnisse, die uns die Organisation besser verstehen lassen und auch hier Projektdefinitionen besser zu machen.

3.1. Ziele des Outsourcing

„Qualitative und strategische Aspekte des Outsourcing gewinnen immer mehr an Gewicht." (Cunningham/Fröschl, 1995: 19) Unternehmen erkennen in zunehmendem Maß die strategische Bedeutung des Outsourcing. Hierfür gibt es Beweggründe, welche die Organisation selbst betreffen. Wir erfahren hierdurch eine Sensibilisierung für unsere Problemstellung in Bezug auf unseren „Klienten" und so ein besseres Verständnis seiner Motive.

Diese strategischen Aspekte sind (Bruch, 1998: 38-42):

Effizienz: Auslagerungen sollen zu Effizienzsteigerungen führen.

Konzentration auf Kerngeschäfte: „Do what you can do best – outsource the rest." (Voß/Chalupsky, 1995: 67) DIe direkte Aufforderung von Voß/Chalupsky stellt stark verdeutlicht einen möglichen Beweggrund einer Organisation, sich externer Berater zu bedienen, dar. Hier räumen Managements von Unternehmen diesem Argument eine vorrangige Stellung ein.

Entlastung: „Im Vordergrund steht hierbei stets die Reduzierung der Komplexität mit dem Ziel, Energien, die in Randbereichen gebunden sind, freizusetzen und die Kräfte auf strategische Aktivitätsfelder zu konzentrieren." (Bruch, 1998: 40)

Strategische Wettbewerbsposition mit Externen aufbauen: Externes Know-how und Qualitätssteigerung werden als Chance genutzt, weitere Leistungen anzubieten und Wettbewerbsvorteile aufzubauen
Bewältigung von Innovationssprüngen: Hier wird Outsourcing zur Bewältigung z.B. einer grundlegenden Neuausrichtung verwand. Der Wandel von Know-how-Anforderungen und tiefgreifende Restrukturierungen gehören dazu.

Erhöhung der Plan- und Steuerbarkeit: Risiken und Unsicherheiten der Leistungserstellung werden einem Externen übertragen.

Etablierung eines externen Unternehmertums: Bewusstseins- und Kulturveränderungen sind Effekte, die Outsourcing auslösen kann. Aus einer erhöhten Kostentransparenz und −zurechenbarkeit resultiert eine Sensibilisierung und Disziplinierung.

3.2. Chancen und Risiken im Outsourcing

Bruch stellt fest, dass die Chancen- und Risikopotentiale des Outsourcing beachtlich sind und vor allem in ganz unterschiedlichen Bereichen vorkommen (Abb. 3 Chancen- und Risikopotentiale des Outsourcing, (Bruch, 1998: 37)).

Abwägung Chancen und Risiken:

Chancen	Risiken
* Kostensenkung durch geringe Overhead-Kosten	* Erhöhung der Transaktionskosten
* Wandlung von Fixkosten in variable Kosten - erhöhte Kostentransparenz und Planbarkeit	* geringe Planbarkeit von langfristigen Kosten
* Entlastung des Management	* Managementbelastung durch Reibungen an den Schnittstellen
* Senkung des Komplexitätsgrades und Erhöhung der Flexibilität	* Machtverlust durch fehlende Einflußnahme
* Konzentration auf das Kerngeschäft	* Verlust von untemehmungsspezi- fischem, strategisch entscheiden dem Know-how
* Erschließung neuer Geschäftsfelder	* Abhängigkeit von einem Dienstleister und dessen Geschäftsentwicklung
* Nutzung externen Know-hows	* Qualitätseinbußen
* Bewußtseinswandel - Steigerung der internen Marktorientierung	* kulturelle Verunsicherung - Ängste von Betroffenen und Nicht- Betroffenen, Mißtrauen, Unruhe und Widerstand

Abb. 3 Chancen- und Risikopotentiale des Outsourcing, (Bruch, 1998: 37)

Wir können festhalten, dass unser „Eindringen" in die Organistaion völlig unterschiedliche Reaktionen hervorrufen kann, die den Projektstatus in jeder Phase des Projektes fördern und / oder gefährden können.

3.3. Change-Management bei Outsourcingvorhaben

3.3.1. Die verhaltenspsychologischen Etappen

Ob nun temporär oder längerfristig eine externe Dienstleistung in Anspruch genommen wird, ein Change-Management-Prozess findet immer statt. Wir lehnen uns hier an die Betrachtung und Darstellung dieses Prozesses an Heinz-Josef Hermes Outsourcing, München 2005, an. Grundlage seiner Betrachtung ist der Extremfall von Outsourcing, der Betriebsübergang. Wir machen uns diese Betrachtung trotzdem zu Nutze, da die Literatur kaum unsere Problemstellung der temporären Integration des externen Beraters in Unternehmen behandelt.

In jedem Outsourcing-Prozess finden wechselseitig Integrationsprozesse statt. Wir sehen uns als den „neuen" Kollegen, welcher in eine bestehende Organisation eindringt. Uns begegnen laut Hermes folgende Etappen im Veränderungsprozess (Abb. 3).

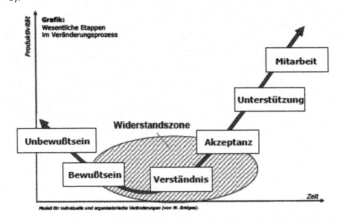

Abb. 4 Modell für individuelle und organsiatorische Veränderungen (von W. Bridges)

Die verhaltenspsychologischen Etappen sind von allen Beteiligten nicht zu überspringen. Disziplinierte und kontinuierliche Rückkopplungen an die

Projektbeteiligten und das Management durch die Mitarbeiter vermindern das Risiko des Widerstandes enorm.

3.3.2. The „heart of change"

„Hervorzuheben ist vielleicht, dass im Kontext mit Outsourcing Change Management ein Programm (ein Prozess) ist, welches den komplexen Integrationsprozess von *zwei Unternehmenskulturen* (Outsourcing-Geber und Service Provider) steuert. Dies wirkt sich auch auf die Rollenverteilung im Change-Management-Team aus. (...) Das größte Hindernis, welches dabei überwunden werden muss, ist der interne Widerstand von Führungskräften und Mitarbeitern, dem Übergang persönlich zuzustimmen." (Hermes, 2005: 140)

Entscheidend für unsere Problemstellung ist hier der zuletzt genannte Satz. Nur sprechen wir nicht von „Übergang" sondern von „Projekt" oder „Strukturveränderung". Wir gehen nach John Kotters „Heart of Change" Methologie vor, die Hermes wie folgt in seine Lösungsfindung einbindet. „Die Initialkommunikation ist eine vorbereitende Kommunikation mit den Führungskräften, Mitarbeitern und in bestimmten Fällen mit Regulierungs- und Aufsichtsbehörden. Dabei dient die HR Due Diligence als gute erste Quelle, um alle für Mitarbeiter wichtigen Informationen und späteren Kommunikationsinhalte abzuleiten. Auch werden in dieser Phase Kommunikationsplattformen vorbereitet (z. B. Intranet), die in weiterer Folge den Mitarbeitern zusätzliche Möglichkeiten bieten, Detailinformationen zu den einzelnen Personalthemen nachzulesen oder auch um Fragen zu stellen.

Bei der Übergangsplanung werden jene Change-Management-Maßnahmen in Abhängigkeit der allgemeinen Projektmeilensteine definiert und mit der Kommunikationsplanung integriert. Spätestens ab diesem Zeitpunkt, sollten Personal- und Change-Management-Themen integriert vorangetrieben werden.

Für die Vorbereitung der Organisation auf den geplanten Betriebs-Übergang ist eine methodische Vorgehensweise unerlässlich. Effektive Change-Management-Methodologien wie Deloittes „Heart of Change" beruhen auf John Kotters achtstufigem Muster, welches sich bei allen Veränderungsprozessen zeigt. (siehe Abbildung 4)." (Hermes, 2005: 143)

11

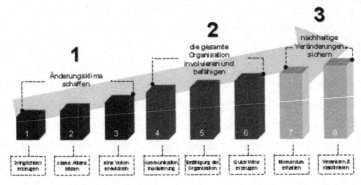

Abb. 5 "The heart of change" Kotter/Cohen 2002

Wie bei der oben gezeigten Illustration der Methode, unterteilt sich der Veränderungsprozess in drei Phasen mit aufeinander aufbauenden Zielsetzungen, die nachweislich eine nachhaltige Stabilisierung der angestrebten Veränderung ermöglichen. Wir beschreiben die drei Phasen nun passend zu unserer Problemstellung des externen Beraters, welcher temporär oder langfristig in eine Organisation eindringt.

Diese Phasen sind (Ableitung von Hermes, 2004: 144):

Phase 1: Mit dem Schaffen eines Klimas der Veränderung wird die unternehmerische Vision und Erwartungshaltung für das Beratungsvorhaben entwickelt und kommuniziert. Glaubwürdigkeit stützt die Mitarbeiter in dieser Phase des anfänglichen natürlichen Misstrauens.

Phase 2: Befähigung der Organisation zur Veränderung. In dieser zweiten Phase beginnt der umfassende, zielgruppenspezifische Dialog mit allen Stakeholdergruppen innerhalb und außerhalb der Organisation mit dem Ziel, breite Unterstützung für das Beratungsprojekt zu erhalten. Auch werden systematisch erste kleine Teilerfolge (Quick Wins) sichtbar gemacht und Führungskräfte darauf vorbereitet/trainiert, während des Projektes sowohl den Dialog mit ihren Mitarbeitern als auch den Veränderungsprozess selbst aktiv zu „führen".

Phase 3: Stabilisierung der erzielten Veränderung. Diese Phase dient der Verankerung der erzielten Veränderung in der Organisation. Während des Projektes findet weiterhin eine enge Kommunikation statt.

4. Gruppe und Gruppenverhalten

4.1.Definition Gruppe

Um den Chancen und Risiken der sozialen Integration des Beraters Grundlage zu geben, widmen wir uns dem Thema Gruppe und deren Verhalten. Wir definieren Gruppe als „Eine beliebige Ansammlung von Menschen am Fahrkartenschalter des Berliner Hauptbahnhofs oder eine bestimmte Zahl von Jugendlichen mit gleichen Konsumwünschen wird zwar umgangssprachlich häufig als Gruppe genannt (z.b. als „Wartegruppe" oder „Zielgruppe"), tatsächlich handelt es sich dabei keineswegs um Gruppen im sozio-dynamischen Sinne. Von einer Gruppe im sozio-dynamischen Sinn spricht man, wenn folgende Voraussetzungen erfüllt sind:

- Zwei oder mehr Personen, deren Gesamtzahl aber so gering ist, dass jede Person mit jeder anderen in direkten Kontakt („face-to-face") treten kann;

- das tatsächliche Auftreten solcher Kontakte (Interaktionen) über ein gewisses Mindestmaß hinaus;

- die Aufrechterhaltung dieser Kontakte über eine längere Zeitspanne hinweg;

- ein gemeinsames Wollen oder Tun;

- ein Zugehörigkeitsgefühl zur Gruppe („Wir-Gefühl")." (Schreyögg/ Koch, 2010: 220)

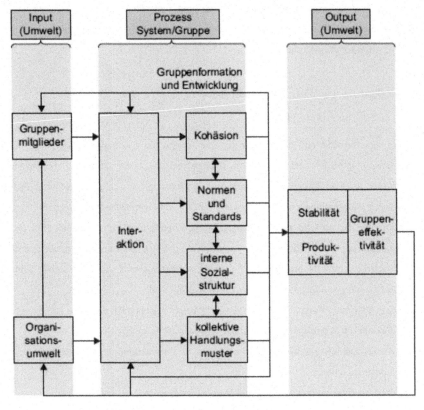

Abb. 6 Die Gruppe als soziales System (Schreyögg/Koch, 2010: 222)

4.2.Die vier Entstehungsphasen einer Gruppe

Da wir in der Regel als temporäres Mitglied verschiedener Gruppen in den Organisationen auf eine gut funktionierende Beziehung zur Gruppe angewiesen sind, um unser Projekt nicht zu gefährden, betrachten und beachten wir den Entstehungsprozess einer Gruppe, welcher nach Tuckman in vier Phasen unterteilt wird, da eine Gruppe sich nicht schlagartig entwickelt. So verstehen wir das Verhalten der Gruppe ebenso besser wie natürlich auch unser eigenes Verhalten, denn wir unterliegen ebenso diesen Phasen.

Typischerweise wird dieses Prozessgeschehen nach vier Phasen unterschieden
(Tuckman 1965):

1. Formierungsphase   ➔ Orientierung
2. Sturmphase   ➔ Dominanzansprüche
3. Normierungsphase   ➔ Integration
4. Reifephase   ➔ Leistung

„Die *Formierungsphase* (Forming) ist die Phase des sich gegenseitig Kennenlernens und
des „Abtastens". Die Gruppenmitglieder prüfen einander auf Gemeinsamkeiten und
Unterschiede, auf Sympathie und Antipathie. Die Unsicherheit ist groß, erste
Orientierungen darüber, was „möglich" und „was nicht möglich" ist, beginnen sich zu
entwickeln.

In der *Sturmphase* (Storming) treten die Mitglieder aus ihrer Reserve heraus, machen
Unterschiede deutlich, melden Dominanzansprüche an und suchen nach
Koalitionspartnern. Es ist dies die kritische Phase in jeder Gruppenentwicklung,
nicht selten führt sie zum Zerfall der Gruppe.

Wenn sich die Positionen zu festigen beginnen, tritt die Gruppe in die
Normierungsphase (Norming) ein. Harmonie und das Streben nach Konformität treten
in den Vordergrund. Es besteht zunehmend Einigkeit darüber, wer welche Rolle zu
spielen hat und welche Erwartungen dafür erfüllt werden müssen. Die Gruppe
kooperiert zunehmend als Team.

In der *Reifephase* (Performing) konzentriert die Gruppe ihre Kraft auf die Erreichung
gemeinsamer Ziele. Die Interaktionen laufen nach den zwischenzeitlich
eingeschliffenen Mustern, die Gruppe ist fest aufeinander eingespielt." (Schreyögg/
Koch, 2010: 223)

„Mit dem Auftauchen neuer Mitglieder", in unserer Problemstellung der externe
Berater, „kann eine Gruppe unversehens wieder in die Sturmphase zurückversetzt
werden, in der die Normen und Positionen neu verhandelt werden müssen. War eine
Gruppe nur befristet gebildet worden (z.B. Projektgruppen oder

Krisenbewältigungsteams), so tritt als weitere Phase die Auflösung (Adjourning) der Gruppe hinzu. Die Gruppe bereitet sich auf den Abschied vor; nicht selten setzt sie Kräfte in Bewegung, die Auflösung hinauszuschieben." (Schreyögg/ Koch, 2010: 224) Als Berater haben wir in der Regel kaum den Anspruch, über einen längeren Zeitraum die Gruppenphasen zu gestalten. Welche Möglichkeiten sollten wir nun anwenden, um schnell in Phase 4, der Reifephase, anzukommen, um die Leistung der Gruppe möglichst optimal abrufen zu können? Diese erörtern wir im folgenden Abschnitt.

4.3. Inputvariablen im Gruppenprozess

a) „Gruppenmitglieder: Die Gruppenmitglieder bilden nach Zahl und individuellen Bedürfnissen, Werten und Zielen die erste Klasse der Inputvariablen. Dies verweist uns darauf, dass die Organisationsmitglieder schon zu Beginn mit bestimmten Vorstellungen in die Gruppe kommen. Diese Vorstellungen gehen einerseits auf ihre Primärsozialisation in der Familie und Schule zurück und andererseits auf berufliche Erfahrungen in anderen Organisationen oder eben der betreffenden Firma. Je nachdem, ob die Bedürfnisse, Werte, Ziele und Fähigkeiten der Gruppenmitglieder harmonieren oder divergieren, werden damit Ausgangsdaten für den Ablauf der Gruppenprozesse gesetzt." (Schreyögg/ Koch, 2010: 224, 225)

b) „Organisationsumwelt: Die Organisationsumwelt umfasst eine Vielzahl unterschiedlicher Inputs; hierzu gehören Einflussfaktoren wie:
   - Aufgabenstellung,
   - Technologie,
   - Organisationsstruktur,
   - Belohnungs- und Bestrafungssystem etc.

Die Organisationsumwelt beeinflusst die Interaktions- und Entscheidungsprozesse in der Gruppe auf direkte und indirekte Weise. (...) Es gilt: Je häufiger Personen miteinander in Interaktion treten (können), desto eher entwickeln sich gemeinsame Ideen, Werte und auch Sympathien füreinander. Zudem wirkt die Organisationsumwelt über die Beeinflussung des Inputfaktors „Zusammensetzung der Gruppe" indirekt auf die Interaktions- und Entscheidungsprozesse in der Gruppe ein. Die Organisation bestimmt – soweit es sich um formelle Gruppen handelt – durch Auswahl und Einsatz der Mitarbeiter die Größe und Zusammensetzung der Gruppe. Speziell die Größe ist von erheblicher Bedeutung für die Entwicklung des Gruppenprozesses. Schon bei mehr als sieben Personen nimmt die Wahrscheinlichkeit sehr stark zu, dass sich die Gruppe in Untergruppen aufspalten wird. Als Faustformel für eine effektive Gruppengröße gilt eine Zahl zwischen 5 und 7." (Schreyögg/ Koch, 2010: 225)

Wir erkennen, dass eine Vorschaltung sehr hoher Interaktionsfrequenz die Integration des Beraters enorm beschleunigen kann. Dieses kann z.b. in Form von gemeinsamen Projektworkshops, regelmäßigen Feedbackrunden etc. geschehen. Auch ist eine Vorabinformation über die individuellen Bedürfnisse, Werte und Ziele ratsam, damit man an diesem Punkt als „Neumitglied" strategisch vorgehen kann und z.b. mehr Zurückhaltung üben kann.

5. Eigene Erfahrungen aus der Praxis

5.1. Fallbeispiel 1: Größtenteils gelungene fachliche und soziale Integration des Beraters

Projektziel: Einführung eines neuen Produktes und Steigerung der
                     Neukundenumsätze (Softwareindustrie im Gesundheitswesen)
Projektdauer: 1 Jahr
Projektteilnehmer: Unternehmensführung, Indirekte Vertriebspartner und direkte
                     Vertriebsmitarbeiter eines Unternehmens
Situationsbeschreibung:

Bei der Organisation handelte es sich um einen Konzern mit diversen Tochtergesellschaften aus dem Kerngeschäftsfeld „medizinische Software", welche im Laufe der Jahre durch Zukauf zum Konzern gestoßen war. Jede dieser Tochtergesellschaften leistete ihren Vertrieb und Service ausschließlich auf nationaler Ebene mit ausschließlich indirekten Vertriebspartnern. Langfristig gewachsene Strukturen mit hoher Fachkompetenz und starken sozialen Netzwerken funktionierten eigenständig im B to B Bereich (Softwarehersteller ➜ Arztpraxis). In der neuen Unternehmung sollte nun ein Produkt im B to C Bereich eingeführt werden. Hierfür wurde eigens eine neue Unternehmung gegründet, welche die Entwicklung und den Vertrieb des neuen Produktes übernehmen sollte. Der Absatz sollte wie folgt stattfinden. Die „Neue Unternehmung AG" („NU AG") gewinnt bestehende Vertriebspartner des Konzerns nun auch als Vertriebspartner für das neue Endkundenprodukt. Diese neuen „alten" Vertriebspartner gewinnen nun ihrerseits den Bestandskunden „Arztpraxis" als Empfehler für das neue Endkundenprodukt. Der Endkunde wiederum kauft bei der NU AG direkt.

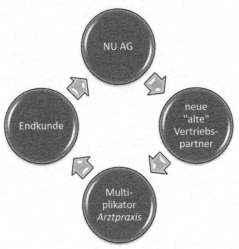

Abb. 7 Vertriebskreislauf Fallbeispiel 1 (Wiedemann)

5.1.1. Problemschwerpunkte und Lösungsansätze

a) Unternehmensstrategisch: Durch die Entscheidung, das neue Produkt in einer NU AG zu entwickeln und zu vertreiben, betrachtete der Konzern einige *qualitative und strategische Aspekte* und entschied sich so für das Outsourcen, anstatt es jeder Vertriebslinie im Einzelnen zu überlassen, das Produkt zu entwickeln und zu vertreiben. Im „Altgeschäft" fand und findet dies so statt. Betrachten wir nun im Einzelnen die Aspekte, kann man sicher von einer enormen *Effizienz*steigerung ausgehen. Die *Konzentration auf das Kerngeschäft* war als anfänglicher Gedanke sicher förderlich, erwies sich aber später eher als Störfaktor, da die gleichen „alten" auch die neuen Vertriebspartner sein sollten. So entstand ein enormer Widerstand durch entstehende Mehrbelastungen der

18

Mitarbeiter. Auch der Gedanke der *Entlastung* zeigte aus oben genanntem Grund nur anfänglich Wirkung. Ein wichtiger Aspekt war sicherlich auch die *Bewältigung von Innovationssprüngen*, die Neuausrichtung zum B to C Geschäft und die Know-how-Anforderungen des neuen Produktes tiefgreifende Restrukturierungen zur Folge hatten. Die *Erhöhung der Plan- und Steuerbarkeit* als Betrachtungspunkt ist sicherlich in einer neuen Unternehmung besser zu bewältigen, als in vielen einzelnen „Alt"-Strukturen. Eine *Etablierung eines externen Unternehmertums* ermöglichte überhaupt die enorme Schlagkraft der NU AG in kürzester Zeit, durch die dadurch erst mögliche Bewusstseins- und Kulturveränderung.

b) Fachlich: Eine hohe fachliche Kompetenz im Bereich Marketing- und Vertriebsstrategie war auf Grund der komplett neu zu schaffenden Strukturen am nationalen Markt Deutschland notwendig. Hierbei hatten bestehende Gebietsstrukturen im „alten" Geschäftsfeld von untereinander im Wettbewerb stehenden alten „neuen" Vertriebspartnern einen nicht unerheblichen Einfluss auf jegliche strategische Entscheidungen.

c) Sozial: Enorme Widerstände auf Grund seit Jahrzehnten bestehender Gruppen, die untereinander auch noch im „Altgeschäft" konkurrierten, waren ein starker Gefährdungsfaktor. Hinzu kamen noch sich neu formierende Gruppen, die sich aus einer Abwehrhaltung gegen das neue Business auf Grund der Sinnfrage des neuen Produktes bildeten. Neue Vertragssituationen, die für die NU AG notwendig waren, aber teils im Widerspruch zu den bestehenden Verträgen der Vertriebspartner standen trugen ebenfalls zur Bildung von Widerständen bei.

Wir betrachten nun Punkt b) und c) im Zusammenhang. Von den vier Dienstleistungsansätzen nach Sommerlatte, kamen hier zwei bevorzugt zum Einsatz. Experience-based consulting, als „die Einbringung von Erfahrung bei der Lösung von Aufgaben und Problemen, der Realisierung neuer Vorhaben oder der Bewältigung neuer Herausforderungen" und process-based consulting, als „die Moderation und Unterstützung von Reflexions-, Entscheidungs-, Implementierungs- und Veränderungsprozessen". (Sommerlatte, 2008: 39)

Bezogen auf unsere Verbindung zwischen den Dienstleistungsansätzen nach Sommerlatte und den Handlungskompetenzen nach Kauffeld (Abb. 2 Kompetenzmatrix Unternehmensberater (Wiedemann)), lag zu Beginn des Projektes die Fachkompetenz ebenso mehr Fokus, wie auch die Sozialkompetenz. Dies begründet sich auch darauf, dass jeder strategische und operative Schritt, unter intensiver Beobachtung aller Stakeholder stand. Als Aufgaben, neben vielen anderen, nennen wir hier als Beispiel für die Fachkompetenz, die Analyse und das Bestimmen der möglichen Nachfrage, das Bestimmen von Zielen und die Festlegung von Produkt- und Leistungsangebot. Jede dieser Aufgaben hatten teils erhebliche Konsequenzen für die betroffenen Stakeholder. Ein hoher Grad an Interaktion mit allen Beteiligten führte zumindest anfänglich zu einer hohen Anzahl von Unterstützern. Mit dem zeitlichen Projektfortschritt rückte die Methodenkompetenz und Selbstkompetenz mehr in den Vordergrund. Ein enormer Aufwand an Präsentationen, Moderationen, Verhandlungen, Veranstaltungen und Gesprächen in ganz Deutschland führte zu einer Festigung in der Sinnfrage des Produktes und zu einer positiven Grundhaltung der meisten Stakeholder gegenüber dem Neuen.

So befand man sich auch in einer Vielzahl von sich neu formierenden Interessengruppen, welche größtenteils auf den bestehenden Strukturen basierten. Die bestehenden Gruppen gerieten so immer wieder in die *Sturmphase*, welche die kritischste Phase der Gruppenbildung darstellt. Unter Beachtung der Inputvariablen wurde versucht, die Gruppenbildung so risikoarm wie möglich zu bewältigen. Diese Integrationsprozesse gestalteten sich mit fortschreitendem Projektverlauf immer schwieriger, da die anfänglich durch starke Interaktion verursachte „Euphorie" der Gruppenmitglieder, dem Mehraufwand an abgeforderter Leistung, wichen. Selbstkompetenz spielt hier eine große Rolle, da man ständig im Fokus der Betrachtung steht und den Anforderungen der Gruppe zum Nutzen aller Rechnung tragen sollte. Dies gelingt bei Leibe nicht immer, da die Kräfte und die Bereitschaft zur Veränderung endlich sind. In Konsequenz dieser Betrachtung trennt sich hier die Spreu vom Weizen. Es gilt jedoch, auch an den für diesen Moment „schwierige" Gruppen nicht aufzugeben, sondern den Faktor Zeit zu nutzen. So ergeben sich durch Interaktion immer wieder neue Chancen, Gruppen aus der Sturmphase heraus weiter zu entwickeln.

5.2. Fallbeispiel 2: Gelungene fachliche und misslungene soziale Integration des Beraters

Projektziel: Wiederbelebung des Neukundenvertriebes und Steigerung der Neukundenumsätze (Softwareindustrie im Gesundheitswesen)

Projektdauer: 2 Jahre

Projektteilnehmer: Unternehmensführung, Indirekte Vertriebspartner, Niederlassungen, direkte Vertriebsmitarbeiter eines Unternehmens

Situationsbeschreibung:

Bei der Organisation handelt es sich um einen Hersteller medizinischer Software für den deutschen Markt. Das Unternehmen war zu dieser Zeit ca. 30 Jahre am Markt und hatte ein stagnierendes Neukundengeschäft und ein gutes Bestandskundengeschäft. Man befand sich in einer gesättigten Marktsituation, so dass die Neukundengewinnung in der Regel immer durch Verdrängung stattfand. In der Organisation wurde der Vertrieb durch indirekte Vertriebspartner, direkte Vertriebspartner und direkte Vertriebsmitarbeiter vollzogen. Netto Neukundenzuwachs entstand fast nur durch die Akquise kleinerer Softwarehersteller aus der Branche.

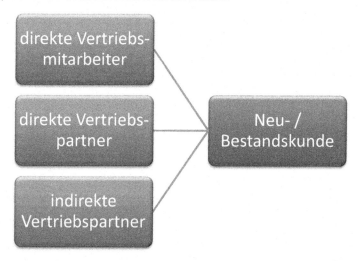

Abb. 8 Vertriebsstruktur Fallbeispiel 2 (Wiedemann)

Durch die lange Zugehörigkeit diverser Mitarbeiter enstanden sehr enge Netzwerke innerhalb der Organisation. Es existierte eine sehr enge Sicht des Marktes durch die Unternehmensleitung und es wurden Unternehmensfunktionen nach Beziehungs-Netzwerken besetzt.

5.2.1. Problemschwerpunkte und Lösungsansätze

a) Unternehmensstrategisch: Der Gedanke durch externe Kraft den Neukundenvertrieb wieder in marktübliche Bahnen zu lenken, war von Beginn an mit der Verlagerung von Verantwortung von der Unternehmensleitung hin zum Berater verbunden. Die gedachte *Entlastung* wurde schnell zur Belastung für das gesamte Unternehmen. *Effizienzsteigerungen* traten so nicht ein.

b) Fachlich: Eine hohe fachliche Kompetenz in strategischer Hinsicht war gefordert. Leider wurde diese nicht abgerufen, sondern der ständige Vergleich der Kompetenzen war an der Tagesordnung.

c) Sozial: Wie in Fallbeispiel 1 fand man enorme Widerstände auf Grund seit Jahrzehnten bestehender Gruppen, vor. Der strategisch wichtige Veränderungsprozess kam nicht in Gang, da auch die Unternehmensleitung Bestandteil der alten Netzwerke war und somit in notwendigen Entscheidungen auch nicht gegen die Netzwerke entschied.

Von Beginn an wurde mehr die fachliche Kompetenz abgerufen und die soziale Kompetenz in Frage gestellt. Obwohl zu Beginn „content-based consulting" der richtige Weg war, rutschte die Situation immer wieder in das arbitration-based consulting. Hier spielt die soziale Kompetenz die größte Rolle und geriet so immer wieder in den Fokus. Die Situation spitzte sich immer wieder bei der Vorstellung neuer Strategien zu und Diskussionen wurden immer wieder auf „sozialen" Ebenen geführt. Versuchen wir dies nun durch die Betrachtung des „Verhaltens in Gruppen" zu projizieren. Die meisten Gruppen im Unternehmen, befanden sich schon lange Zeit in der *Reifephase*. Viele Mitarbeiter gehörten nicht zu bestehenden Gruppen und waren offensichtlich ausgeschlossen worden. So existierte auch ein hoher Krankenstand. Mit dem Auftauchen des externen Beraters und den damit verbundenen Veränderungsanforderungen bildeten sich in allen betroffenen Gruppen umgehend enorme Widerstände. Trotz enormer Interaktion gerieten die Gruppen in die Sturmphase und ließen letztendlich keine neuen Gruppenmitglieder zu. Diese enorme Unruhe führte gar zu einer Veränderung der Geschäftsführung und zu einer gesamten Umstrukturierung des Unternehmens. Es gilt noch anzumerken, dass eine indirekte Vertriebsstruktur mit eigenständigen Partnern in solchen Situationen besser zu handhaben ist. Die Motive sind doch eher erfolgsorientiert.

6. Perspektiven und kritische Würdigung

Grundsätzlich empfiehlt sich in jedem Fall eine nach dieser theoretischen Grundlage richtende Vorgehensweise aus folgendem Grund.

Es zeigt sich, dass der Nachfrager und der Berater sich anhand dieser Ansätze schon vor Projektbeginn intensiv und besser mit den notwendigen Kriterien als Betrachtungsmuster auseinandersetzen können. Chancen und Risiken sind schon sehr frühzeitig besser abzuwägen. Ich integriere bereits jetzt diese erarbeiteten Ansätze in Form z.b. eines vorangeschalteten Strategietages und kann dem Nachfrager so mehr Investitionssicherheit und mehr Professionalität bieten. Durch die Kategorisierung der Dienstleistungen und dem in Bezug setzen zu den Kompetenzen kann man die Auswahl des „richtigen" Beraters wesentlich besser steuern. Outsourcing-Überlegungen helfen uns die Struktur zu analysieren und auch hier Chancen und Risiken zu definieren. Ein Abarbeiten der Sichtweisen des Outsourcing bringt der Organisation eine klare Sicht auf ihr Vorhaben. Last but not least betrachten wir die bestehenden und evtl. auch entstehende Gruppen und können so sehr frühzeitig entscheidende Integrationsrisiken vermeiden. Die fachliche und die soziale Integration lassen sich in unserer Moderne so ein Stück weit besser bewältigen. Erste Reaktionen zeigen mir bereits jetzt, dass der Weg richtig ist. Als Kritik kann man anführen, dass es evtl. gerade für kleinere Projekte zu viel Aufwand bedeutet, alle Ansätze an- oder auch auszuführen. Hier können auch die Erfahrungswerte von Management und Berater als Grundlage genügen. Trotz alledem kann der angeregte Prozess ein gutes Qualitätsmanagement für Berater ergeben, durch das die doch oft in Frage gestellte Beraterlandschaft eine Aufwertung erfahren kann. Das Vertrauen in den nicht klar definierten Berufsstand der Berater kann sich so verfestigen und das allgemeine Bild verbessert werden. Gerade der

Mittelstand hat aus Ressourcengründen enormen Bedarf an Spezialwissen, ist aber oft doch stark gehemmt, Berater zu engagieren. Hier können wir nun evtl. einen Qualitätsnachweis erzeugen. Ein dringend notwendiger Prozess für unsere Wirtschaft und die Beraterbranche!

„Es gibt nichts Praktischeres als eine gute Theorie."
Immanuel Kant (1724-1804), dt. Philosoph

IV. Literaturverzeichnis

Bücher:

Schreyögg/ Koch: Grundlagen des Managements, Wiesbaden 2010

Kirchler, B.: Arbeits- und Organisationspsychologie, Band 1, 2004

Kraus/Becker-Kolle/Fischer: Handbuch Change-Management, Berlin 2004

Greschuchna, L.: Vertrauen in der Unternehmensberatung, Wiesbaden 2006

W. B. Reddy: Prozessberatung von Kleingruppen, Leonberg 1997

Tom Sommerlatte: Handbuch der Mittelstandsberatung: Auswahl und Nutzen von

Beratungsleistungen, Berlin 2008

Kauffeld, S.: Arbeits-, Organisations- und Personalpsychologie, Heidelberg 2011

von Glasersfeld, E.: Wege des Wissens: Konstruktivistische Erkundungen durch unser

Denken, Heidelberg 1997

Schütz, A.: Strukturen der Lebensweit, Konstanz 2003

Gally, J.: Lektüre Alfred Schütz- Schütz' Definition des Wissens- Grundbegriffe der

Handlungstheorie IV: Wissen, Norderstedt 2007

Voß/Chalupsky. J.: Outsourcing von betrieblicher Weiterbildung und

Persönlichkeitsentwicklung in den neuen Bundesländern: QUHM-report, Heft 34 ,

Berlin 1995

Cunningham/Fröschl: Outsourcing. Strategische Bewertung einer

Informationsdienstleistung, Frankfurt 1995

Bruch, H.: Outsourcing. Konzepte und Strategien, Chancen und Risiken, Wiesbaden

1998

Weinert, F.: Leistungsmessung in Schulen, Weinheim 2001

Hermes, H.-J.: Outsourcing Chancen und Risiken, Erfolgsfaktoren, rechtssichere

Umsetzung, München 2005

Niedereichholz, C.: Unternehmensberatung: Beratungsmarketing und

Auftragsakquisition, Oldenburg 2001

Lightning Source UK Ltd.
Milton Keynes UK
UKOW04f1907300817
308282UK00001B/196/P